AF340012

ROUGET DE LI[SLE]

BIOGRAPHIE

COMPLÈTE ET INÉDITE DE...

de

LA MARSEILLAI[SE]

es amours, ses campagnes comme officier du gé...

ses ... — La *Marseillaise*. — Le chan...

du Vengeur. — Son portrait peint par lui-mêm...

tation — Son emprisonnement. — Sa libération...

l'armée de l'Ouest — Ses misères — Ses réco...

mort. — Son tombeau. — L'érection de sa stat...

par

MARY CLIQU[ENNOIS]

PARIS

G. RICHARD, ÉDITEU[R]

10, Rue du Petit-Pont

ROUGET DE L'ISLE

BIOGRAPHIE COMPLÈTE DE L'AUTEUR

DE

LA MARSEILLAISE

PAR

MARY-CLIQUET

———

> Les peuples, mèche en main, attendaient sur l'affût!...
> La Lumière se fit!... Et la Liberté fut!...
> La Liberté!... portant au front : *Quatre-Vingt-Treize* ;
> Au cœur, Rouget de l'Isle, avec sa *Marseillaise!*...
> Les trônes ébranlés par *Voltaire* et *Rousseau*,
> Martelés, en débris, roulaient dans le ruisseau!...
> La République alors écrasait la Bastille,
> Et, soixante ans après, jetait, l'ardente fille,
> L'Universel Suffrage en épouvante aux rois!...
>
> (*Le Progrès*, J. Dornay).

Ce fut une grande époque, que celle où, par sa volonté, tout un peuple brisa d'un seul coup, les chaînes qui le retenaient captif aux pieds d'un trône dont treize siècles avaient consolidé la puissance.

Ce fut une grande époque, que celle où l'âme de toute une nation se transformant soudain, jetait de sa voix puissante à la face des monarchies épouvantées ces trois mots immortels : LIBERTÉ, ÉGALITÉ, FRATERNITÉ, en sanctionnant la *Déclaration des Droits de l'Homme.*

Heures de crimes, heures de lâchetés !... a crié sur tous les tons le troupeau servile des courtisans de tous les régimes qui se sont succédé depuis 89. Heures de dévouement, heures d'héroïsme ! a répondu l'avenir.

Les Rois avaient couvert du sang du peuple leur longue histoire ; le Peuple a mis dans la sienne le sang des Rois.

Ç'a été la peine du talion dans toute sa rigueur.

L'Idée est tout ; le nom n'est rien autre chose que la preuve et l'affirmation de l'Idée.

La mort de Louis XVI fut la preuve et l'affirmation de la Révolution Française.

Tout pour la Liberté ! Tout pour la Patrie ! Telle était alors la sublime devise de ceux qui applaudissaient à l'œuvre régénératrice, à l'ère nouvelle, et qui versaient leur sang pour repousser la coalition étrangère, qui menaçait la France de relever un trône brisé, et de lui imposer de nouvelles entraves.

Le Peuple passa son bâton égalitaire sur les fronts orgueilleux ; les fronts se courbèrent, et l'Europe trembla.

Lorsque l'heure du danger sonna pour la Patrie, chacun apporta sa part d'idées, d'énergie, de courage et de bravoure, pour défendre le sol menacé ; l'Histoire a buriné dans son Livre d'Or les noms des héros qu'enfanta la Liberté et qui moururent pour elle.

Rouget de l'Isle, un des premiers, apporta sa pierre à l'édifice héroïque, et son apport ne fut pas le moins fécond.

Rouget de l'Isle écrivit *la Marseillaise,* chant de guerre qui conduisit nos légions à la victoire ; le présent enfiévré de patriotisme a gravé dans toutes les mémoires cet hymne sublime, comme pour défier l'oubli de l'avenir ;

L'avenir d'alors qui est le présent d'aujourd'hui : le présent se souvient.

Les strophes guerrières inspirées au poète par son patriotisme indigné, sont restées le chant national d'un peuple libre, le chant de la France républicaine; et la France républicaine va, après un demi-siècle, rendre hommage à leur immortel auteur, en lui élevant une statue.

On peut faire à notre temps le reproche d'être prodigue de monuments et de statues ; bien des personnages qui n'ont été des grands hommes que le spectre et la contrefaçon ont été sculptés en marbre ou coulés en bronze; mais si monument et statue ont jamais eu leur raison d'être, c'est assurément en l'honneur de celui qui a contribué si puissamment à conserver son intégrité au territoire français.

Ainsi l'ont pensé les Membres républicains du Parlement qui, sous la présidence de M. Benjamin Raspail, député de la circonscription à laquelle appartient Choisy-le-Roi, ont formé un comité de souscription, dans le but d'élever dans cette ville un monument à l'auteur de *la Marseillaise*.

Beaucoup de personnes se demanderont sans doute, pourquoi la commune de Choisy-le-Roi a été désignée pour recevoir la statue de *Rouget de l'Isle*.

Nous leur répondrons en retraçant succinctement, mais avec des détails précis, la biographie du poète républicain, étudiée, recherchée, compilée dans les manuscrits les plus autorisés et dans des mémoires inédits qu'il nous a été permis de consulter minutieusement, et dont l'authenticité ne saurait être mise en doute.

Nous sommes heureux et fier d'apporter ainsi notre part de souvenir à l'immortel poète de *la Marseillaise*.

Claude-Joseph *Rouget de l'Isle* naquit le 10 mai 1760, à Lons-le-Saulnier, aujourd'hui chef-lieu du département du Jura ; son père était avocat au Parlement de l'ancienne province de Franche-Comté.

L'enfant passa les premières années de sa jeunesse dans une petite propriété que possédait son père à Montaigu, commune du canton de Conliège, située à 2 kilomètres de Lons-le-Saulnier, sur le versant d'une montagne qui domine cette ville.

A onze ans, après avoir reçu de ses parents les notions élémentaires de l'instruction, le jeune Rouget fut mis au collège de sa ville natale.

D'un caractère vif et enjoué, quoique studieux et réfléchi, *Rouget de l'Isle* se distingua de bonne heure par d'excellentes dispositions pour la poésie légère et la musique ; mais ce n'était point la route que lui avait tracée l'autorité paternelle. On le destinait à la carrière des armes, et, lorsqu'il eut atteint l'âge de seize ans, en 1776, il entra à l'École militaire que Louis XV avait fondée à Paris pour les jeunes gentilshommes sans fortune.

Ici se place un épisode dont le dénouement fatal faillit briser l'avenir de notre héros.

Rouget de l'Isle avait alors vingt ans. Les jours de congé que lui accordaient les règlements de l'École militaire étaient rares ; mais, si rares qu'ils fussent, le jeune homme les passait à Courbevoie, dans une famille amie de la sienne.

Cette famille se composait d'un père âgé de soixante-six ans, ancien militaire, de sa femme et d'une jeune fille de dix-huit ans, nommée Camille.

Jamais beauté plus séduisante, plus gracieuse, plus digne de ses regards n'était apparue au jeune soldat ; il s'en éprit ardemment, follement, avec toute la fougue d'une âme jeune et ardente.

Camille, aussi, aima *Rouget de l'Isle*, et, sous la sauvegarde maternelle, les deux enfants se jurèrent un éternel amour.

Jamais passion plus pure n'avait fait battre deux cœurs plus honnêtes ; mais l'orage devait s'amonceler dans ce ciel plein de clartés et d'avenir, et la foudre y gronder.

Le 17 juillet 1780, on devait, dans la maison de Courbevoie, célébrer la fête de la fiancée de *Rouget de l'Isle*. Les parents et les amis de la famille avaient été conviés. C'était un dimanche ; *Rouget* avait obtenu du gouverneur de l'École une permission de vingt-quatre heures.

Voulant que la soirée fût couronnée par un feu d'artifice, le fiancé de Camille, en sa qualité d'aspirant officier du génie, en avait préparé les pièces principales.

Dans la matinée du dimanche, il installa sur la pelouse du jardin ses bâtis, ses fusées, ses bombes et les différents motifs qui devaient, en s'enflammant, représenter la date de la fête et les initiales entrelacées des deux fiancés.

Le dîner qui devait précéder le feu d'artifice commença à sept heures ; la joie était dans tous les cœurs.

A dix heures, Camille réclama joyeusement la surprise organisée en son honneur par *Rouget de l'Isle*, et le jeune homme, obéissant, descendit sur la pelouse où tout était préparé.

La famille et les amis, conduits par Camille, s'étaient groupés sur une terrasse faisant corps avancé à l'habitation, attendant la première fusée qui devait être le signal de la récréation pyrotechnique.

Rouget de l'Isle, une mèche flambante à la main, communiqua le feu à la pièce d'artifice : un jet d'étincelles jaillit avec un bruit prolongé ; puis prenant son élan, la fusée s'échappa de l'anneau qui la supportait, et fendit l'air ; mais, tout à coup, déviant de la trajectoire verticale que son recul lui assurait, elle décrivit une courbe et se dirigea en sillonnant l'air d'un trait de feu, vers la terrasse encombrée de spectateurs.

Un cri terrible se fit entendre, auquel cinquante cris d'effroi répondirent.

Camille, frappée à la tête par la pièce d'artifice, venait de tomber à la renverse, le visage inondé de sang.

La fusée avait fait balle. *Rouget de l'Isle* s'élança éperdu ; le cri de Camille, en déchirant son âme, avait retenti lugubrement dans son cœur. Fou de douleur, il tomba à genoux près du corps de la jeune fille, dont les regards se voilaient déjà des ombres de la mort.

Une heure après, Camille expirait, la main serrant convulsivement celle de son fiancé.

Peindre la douleur du malheureux jeune homme et celle de la famille de la victime nous serait impossible : car aucune phrase ne pourrait rendre les accents déchirants qui, pendant trois jours, vinrent attrister cette maison habituée au bonheur et à la joie.

Rouget de l'Isle, muet, lugubre, terrifié, conduisit le corps de Camille jusqu'au cimetière ; de ce jour, il ne remit jamais les pieds à Courbevoie.

Pendant la période sensible que devait logiquement amener cette perte douloureuse, on craignit pour la raison de *Rouget* ; mais la force de la jeunesse imposa sa volonté à la force morale affaiblie, et le jeune homme fut sauvé.

L'élève de l'École militaire, frappé dans ses affections les plus chères, voulut fuir Paris, qui lui rappelait le passé, et abandonner ses études ; mais les sages conseils de son père, les exhortations amicales de ses maîtres et de ses supérieurs le détournèrent de cette fâcheuse résolution, et le jeune homme se remit au travail avec ardeur.

On ne vit pas avec les morts ; *Rouget de l'Isle* n'oublia pas, mais il dompta sa douleur et se laissa vivre.

Après six années de travaux incessants, il entra, en 1782, à l'école spéciale du génie, à Mézières, d'où, deux ans après, en 1784, il sortit aspirant lieutenant en second dans cette arme.

Avant de se rendre dans le régiment qui lui était assigné, *Rouget de l'Isle* vint passer quelques jours à Lons-le-Saulnier, près de son père qui, quelques mois auparavant, avait perdu sa femme, la mère de notre héros.

Pendant les six années qu'il avait passées à l'École militaire, Rouget de l'Isle n'avait pas complètement négligé l'art qui l'avait attiré dès sa première jeunesse. Il avait ébauché des vers et donné cours à ses inspirations musicales. Cependant, soit que ces essais fussent incomplets, soit qu'ils lui eussent paru indignes de lui, soit enfin qu'ils se fussent égarés, il n'en fit aucun recueil ; ce n'est qu'à partir de 1785 qu'il nous est permis de connaître ses productions.

A cette époque, il quitta Lons-le-Saulnier pour aller tenir garnison à Grenoble, où il resta six mois ; puis il fut envoyé à Mont-Dauphin, dans les Alpes (1).

La France était alors en paix avec le reste de l'Europe, et les loisirs étaient nombreux pour les officiers qui n'avaient qu'à se préoccuper de leur service ordinaire.

De tous côtés, les invitations aux bals et aux fêtes

---

(1) Mont-Dauphin, dont le nom fut changé pendant la Révolution en celui de Mont-Lion, est une petite bourgade de l'arrondissement d'Embrun, qui compte à peine 500 habitants.

Elle a été fortifiée par Vauban, en 1694 : c'est aujourd'hui une place forte de 2ᵉ classe ; on y remarque un champ de manœuvres entièrement couvert ; sa position inexpugnable en fait une des clefs de la France du côté de l'Italie. La garnison habituelle de cette place se compose aujourd'hui d'un bataillon de chasseurs à pied.

données par la noblesse des villes voisines, leur parvenaient à leur grande satisfaction : ils trouvaient dans ces plaisirs une diversion agréable à la vie de garnison, si insipide, si monotone, surtout dans une place frontière.

Rouget de l'Isle accepta plusieurs de ces invitations; nous en trouvons la preuve dans une pièce de vers datée de Mont-Dauphin, en 1785.

Cette poésie est dédiée à Madame de Meff…. L'auteur la fait précéder de la notice suivante :

« *En lui envoyant un éventail qu'elle m'avait* « *confié dans un bal, à Embrun, et que j'avais* « *emporté par mégarde.* »

Cette pièce de vers appartient au genre léger, qui était celui auquel s'adonnait le poète; elle effleurait le ton badin, ainsi qu'on peut s'en rendre compte par ces quatre vers, pris au hasard dans cet essai poétique, et que nous citons :

. . . .

> Mais, écoutez le vieux dicton
> D'un roi qui, suivant la Genèse,
> Fut, dans son temps, plus chaud que braise :
> C'était le saint roi Salomon.

. . . .

Nous copions ensuite ce quatrain assez original, également daté de Mont-Dauphin, en 1786.

> « *Pour mettre sur un portefeuille.*
> « Des secrets de l'amour je suis dépositaire,
> « Rejette à mon aspect tout désir curieux :
> « La foudre punirait un regard téméraire;
> « Les secrets des amants sont les secrets des dieux. »

En 1789, *Rouget de l'Isle* fut nommé lieutenant en second et attaché au fort de Joux (1).

____

(1) Le château fort de Joux, bâti dans une situation pittoresque sur un mamelon isolé de 205 mètres d'altitude, au pied duquel coule le Doubs, est d'une grande importance stratégique.

Il commande les hautes montagnes de Verrières et de la Cluse,

Au point de vue géographique et stratégique, notre héros a fait une description de la vallée de Joux et du fort qui la domine ; ce travail est resté dans ses papiers inédits.

C'est du fort de Joux qu'il data, le 8 février 1790, la poésie qu'on va lire ; elle est dédiée à Mademoiselle de R...., novice à l'abbaye de Lons-le-Saulnier où elle devait prendre l'habit, et roule d'un bout à l'autre « *sur la ressemblance de Mademoiselle de R....* « *avec Madame Du B....* »

> Toi, ressembler à cette virtuose,
> Qui de Louis captiva les vieux ans !
> C'est au pavot comparer une rose ;
> C'est à l'été comparer le printemps.
>
> Son œil brûlant qu'anime la licence,
> De ses désirs d'abord trahit l'ardeur ;
> Ton front paisible où siège la décence,
> Est le garant de la paix de ton cœur.
>
> Son teint, flétri par l'art de l'imposture,
> Ne brille plus que d'un éclat trompeur ;
> Toi, qui dois tout à la simple nature,
> Tu ne connais de fard que la pudeur.
>
> Son air hardi, son regard de bacchante,
> Sans l'exciter, nous provoque au plaisir ;
> De tes beaux yeux l'expression touchante,
> Sans le vouloir, fait naître le désir.
>
> Pour son palais, abandonnant Cythère,
> Vénus près d'elle a fixé son séjour,
> Tandis qu'hélas ! de ton lit solitaire,
> En gémissant, bientôt fuira l'Amour !

et se compose de trois enceintes fortifiées entourées de larges fossés. C'est dans la troisième enceinte que furent successivement enfermés le surintendant Fouquet, Mirabeau, Toussaint-Louverture et le gouverneur de Rome, Cavalchini.

Après la capitulation de Baylen, le marquis de Rivière et le général Dupont furent emprisonnés dans la seconde enceinte.

Les armes du fort de Joux sont d'azur au champ d'argent, côtoyé de deux tours crénelées de même, posées sur une terrasse de sinople.

De celles qu'il nous a été donné de connaître, certes, cette poésie légère est la plus gracieuse et la mieux inspirée ; elle est simple dans sa forme, mais pleine de traits qui la caractérisent, surtout lorsque l'on sait que l'initiale B... qui termine la Notice qui l'accompagne, cache la personnalité si connue de Mme du Barry, la maîtresse de Louis XV.

Nommé lieutenant en premier, en 1791, *Rouget de l'Isle* fut envoyé à Strasbourg, où, quelques mois après, il était promu au grade de capitaine.

C'est dans cette ville qu'il composa, pour l'armée du Rhin, dont il faisait partie, *la Marseillaise*, l'un des chants nationaux les plus énergiques et les plus grandioses.

Comme nous traçons chronologiquement la Biographie de *Rouget de l'Isle*, nous n'anticiperons point sur les dates, et nous suivrons pas à pas sa vie poétique et militaire.

Kellermann, qui venait d'être investi du commandement supérieur de l'armée du Rhin, était Strasbourgeois. Il jouissait dans Strasbourg, tant par lui-même que par sa famille, d'une grande influence. C'est sous ses auspices que *Rouget de l'Isle* fut admis dans l'intimité de plusieurs familles, et, notamment, chez le baron Frédéric de Dietrich, maire de la ville.

D'ailleurs, instruit, affable, d'un visage et d'un caractère sympathiques, notre héros eut vite fait la conquête de son entourage.

Cependant la Révolution marchait à grands pas.

Louis XVI, sous la conduite de M. de Bouillé, s'était enfui de Paris avec la famille royale, pour se rendre à Montmédy, comptant, de là, solliciter les princes étrangers pour former, avec leur aide, une armée, et dissoudre l'Assemblée nationale.

Grâce à l'attitude énergique du jeune Drouet, le roi fugitif avait été arrêté à Varennes, reconduit à Paris et enfermé au palais des Tuileries, prisonnier de l'Assemblée constituante.

Cette fuite avait exalté les esprits.

Le club des *Jacobins*, qui avait acquis une influence extraordinaire, grâce à Robespierre ; celui des *Cordeliers*, où siégeaient Danton et Camille Desmoulins, soulevaient les masses contre la tyrannie monarchique.

Le club des *Feuillants*, composé de constitutionnels, avait pris parti pour le roi.

Les partis se heurtaient, et sur tous les points de la France il y avait deux camps bien distincts : celui des républicains, celui des constitutionnels ; le parti qui soutenait les intérêts du trône et le parti qui défendait les intérêts de la liberté.

De tous les points de la France, les nobles épouvantés émigraient en foule et se réunissaient à Coblentz, où ils conspiraient contre leur pays.

C'est à juste titre qu'on s'effrayait des armements, des approvisionnements et des marchés passés par les émigrés pour les fournitures de leur armée, qui allait toujours grossissant.

Louis XVI favorisait tous ces agissements ; c'est ce qui donnait à Robespierre, à Danton et à Camille Desmoulins, le prestige nécessaire pour conduire les patriotes à l'anéantissement d'une monarchie qui pactisait avec l'étranger.

Constitutionnels et républicains étaient aux prises.

A Strasbourg, le baron de Dietrich avait fondé un journal, *la Feuille de Strasbourg*, qui était fort répandu.

Rouget de l'Isle, pendant quelque temps, collabora à ce journal, qui publia de lui quelques essais politiques.

En septembre 1791, il y fit paraitre *l'Hymne à la Liberté*, dont la musique fut faite par Pleyel, et qui fut imprimée à Strasbourg et traduite en allemand.

En 1790, *Rouget de l'Isle* avait fait un voyage de quelques jours à Paris, et il en avait profité pour aller faire entendre au directeur de la Comédie Italienne un opéra, qu'il avait composé pendant les premiers mois qui avaient suivi son arrivée au fort de Joux. Ce fut le 29 février 1791 que cet opéra, paroles de *Rouget de l'Isle*, musique de Champein, fut représenté à la Comédie Italienne, sous le titre de : *Bayard à Bresse*, et sans que son auteur en fût averti.

La pièce eut un certain succès, mais elle ne fut point publiée.

Jusqu'en 1792, les essais poétiques et musicaux de *Rouget de l'Isle* étaient restés, sinon inaperçus, du moins jugés comme étant ceux d'un homme qui donnait, sans importance, un libre cours à son penchant littéraire.

Ce fut seulement à dater de cette époque que le poète acquit la renommée qui le suivra à travers les siècles.

La coalition de Pilnitz prenait sur nos frontières du Nord une attitude menaçante. La guerre devait fatalement éclater avec l'Autriche, qui, malgré les efforts des ministres Roland et Clavières et des orateurs de la Gironde, voulait, à tout prix, soutenir l'époux de Marie-Antoinette.

Une note impérieuse de M. de Cobentzel, envoyée à Louis XVI par notre ambassadeur à Vienne, M. de Noailles, mit le feu aux poudres.

Le ministre autrichien, exigeait, au nom de sa cour, le rétablissement de la monarchie française sur les bases édictées par la déclaration royale du 23 juin 1789. C'était le retour aux trois ordres : clergé, noblesse et tiers état, la restitution immédiate des biens du clergé et celle du Comtat d'Avignon au pape.

C'était, en deux mots, égorger la liberté naissante,

menotter de nouveau le peuple à peine affranchi, écraser dans l'œuf la République près d'éclore.

Le ministre autrichien demandait, de plus, la restitution aux princes de l'Empire des terres d'Alsace, avec tous leurs droits féodaux.

Cette note audacieuse fut accueillie par un cri de réprobation générale, qui devait bientôt se changer en un cri de vengeance, en un cri de guerre.

L'Assemblée, à laquelle cette Note fut portée par Louis XVI et Dumouriez, délibéra ; et la guerre, résolue à une grande majorité, fut décrétée et déclarée à la cour de Vienne, avec laquelle les émigrés faisaient cause commune.

La patrie fut déclarée en danger, et dans toutes les parties de la France se formèrent des régiments de volontaires pour aller combattre l'ennemi, au milieu duquel se trouvaient des Français.

A Strasbourg, Dietrich avait formé un bataillon de volontaires alsaciens.

Le jour où la déclaration de guerre fut faite à l'Autriche (20 avril 1792). *Rouget de l'Isle* avait reçu du maire de Strasbourg une invitation à dîner ; un grand nombre d'amis de Dietrich s'y trouvaient également conviés.

Pendant le repas, la conversation roula sur les événements politiques, qui jetaient alors une grande fermentation dans les esprits ; on parla surtout de la guerre qui venait d'être proclamée, et chacun émit le vœu que, dans cette circonstance solennelle, quelque inspiration poétique répondit au sentiment patriotique de la nation.

Rouget de l'Isle, enfiévré d'un patriotisme réel, exaspéré de la conduite des émigrés, outré de la forfanterie des Autrichiens, sentit son imagination s'enflammer au contact de la noble pensée du maire de Strasbourg et de ses invités.

En quittant les personnes avec lesquelles il avait passé la soirée, il rentra chez lui en proie à une exaltation fébrile, et, saisissant son violon, instrument dont il jouait avec un talent remarquable, il improvisa, d'un seul jet, la première stance et l'air de l'hymne national qui devait faire la réputation du *poète-soldat*.

Il passa tout le reste de la nuit à compléter son œuvre, et, dès le matin, il alla la remettre au baron de Dietrich.

Une parente de celui-ci, que bien des biographes ont désignée, par erreur, comme étant la femme ou la fille de ce fonctionnaire, se mit au clavecin et déchiffra le morceau qu'elle avait devant les yeux.

Dietrich pleurait d'émotion et de joie.

Les convives de la veille furent réunis à la hâte; ils accueillirent le nouveau chant national avec des transports d'admiration sans égale. C'est cette scène pleine de grandeur qui inspira au peintre Piles, le tableau merveilleux qu'on voit au Louvre, et qui représente *Rouget de l'Isle* chantant pour la première fois *la Marseillaise* chez Dietrich.

Dès que ce chant fut connu des invités du maire de Strasbourg, on s'empressa de copier l'air et de le faire distribuer aux musiciens, qui le jouèrent sur le passage des troupes qui marchaient à la frontière. A dater de ce jour, *Rouget de l'Isle* était immortel.

Nous croirions notre Biographie incomplète, si nous nous dispensions d'y placer ce chant guerrier qui fit le tour du monde ; mais c'est sous sa première dénomination que nous l'écrirons, nous réservant d'ex-

pliquer, plus loin, comment il prit, plus tard, le titre
de *la Marseillaise.*

CHANT DE L'ARMÉE DU RHIN.

2ᵉ COUPLET.

Que veut cette horde d'esclaves,
De traîtres, de rois conjurés ?
Pour qui ces ignobles entraves,
Ces fers dès longtemps préparés ? *(bis)*
Français ! pour nous, ah ! quel outrage !
Quels transports il doit exciter !
C'est nous qu'on ose méditer
De rendre à l'antique esclavage !

    Aux armes ! etc.

3ᵉ COUPLET.

Quoi ! des cohortes étrangères
Feraient la loi dans nos foyers !
Quoi ! des phalanges mercenaires
Terrasseraient nos fiers guerriers ! *(bis)*
Dieu ! nos mains seraient enchaînées !
Nos fronts sous le joug se ploîraient !
De vils despotes deviendraient
Les maîtres de nos destinées !

    Aux armes ! etc.

4ᵉ COUPLET.

Tremblez, tyrans, et vous, perfides,
L'opprobre de tous les partis !
Tremblez ! vos projets parricides
Vont enfin recevoir leur prix. *(bis)*
Tout est soldat pour vous combattre.
S'ils tombent, nos jeunes héros,
La terre en produit de nouveaux
Contre vous, tous, prêts à se battre.

    Aux armes ! etc.

5ᵉ COUPLET.

Français, en guerriers magnanimes,
Portons ou retenons nos coups !
Épargnons ces tristes victimes,
A regret, s'armant contre nous ! *(bis)*
Mais ce despote sanguinaire !
Mais ces complices de Bouillé !
Tous ces tigres qui, sans pitié,
Déchirent le sein de leur mère !

    Aux armes ! etc.

6ᵉ COUPLET.

Amour sacré de la Patrie
Conduis, soutiens nos bras vengeurs !
Liberté ! Liberté chérie,
Combats avec tes défenseurs ! (*bis*)
Sous nos drapeaux que la Victoire
Accoure à tes mâles accents !
Que tes ennemis expirants
Voient ton triomphe et notre gloire !

    Aux armes ! etc.

7ᵉ COUPLET.

Nous entrerons dans la carrière,
Quand nos aînés n'y seront plus ;
Nous y trouverons leur poussière
Et l'exemple de leurs vertus. (*bis*)
Bien moins jaloux de leur survivre
Que de partager leur cercueil,
Nous aurons le sublime orgueil
De les venger ou de les suivre !

    Aux armes ! etc.

Cet hymne, tel que *Rouget de l'Isle* l'a composé, ne comprenait que six stances ; la septième, celle des enfants, qui fut ajoutée pour la fête civique du 14 octobre 1792, n'est point de *Rouget de l'Isle* ; elle fut écrite par Louis Dubois, le Conventionnel qui fit établir, en 1795, des conseils de guerre pour réprimer les désordres de tous genres qui existaient dans les armées.

Cette strophe lui fut vraisemblablement inspirée par les paroles d'une danse guerrière exécutée aux fêtes de Lacédémone et divisée en trois chœurs.

Bien des gens ont dit que *Rouget de l'Isle* n'avait eu que cette seule inspiration, que les vers de *la Marseillaise* sont faibles et pauvrement rimés : admettons. Mais pouvait-on demander mieux au poète qui, en quelques heures, faisait un semblable

2

travail et donnait à son œuvre, poétiquement et musicalement parlant, un si grand caractère de franchise et de clarté, de grandeur et de sonorité.

« Qu'on lise attentivement *la Marseillaise*, dit « *Thomas Grimm* dans un de ses articles consacrés « à *Rouget de l'Isle*, et l'on comprendra combien « l'auteur exprime de haine farouche contre les « ennemis de la patrie et contre les Français qui, en « 1792, combattaient dans leurs rangs. C'est un des « épisodes les plus cruels de la Révolution, cette « complicité armée d'une partie des Français avec « les étrangers. Et malheureusement il y a encore « aujourd'hui des émigrés à l'intérieur qui font cause « commune avec le *Bouillé* flétri par *Rouget de* « *l'Isle*. C'est ce qui explique pourquoi *la Marseillaise* « est proscrite par tous les partis antirépublicains. »

La cause de *la Marseillaise*, du reste, n'est pas à plaider. A l'heure du danger pour la patrie, c'est toujours avec elle que les cœurs se retrempent et qu'on réveille les courages abattus.

C'est à Strasbourg que le *Chant de l'Armée du Rhin* fut édité pour la première fois, le 30 avril 1792. En 1825, *Rouget de l'Isle* le plaça dans un Recueil qu'il publia à Paris, sous le titre de : *La Marseillaise*, en le faisant précéder de la notice suivante :

« Je fis les paroles et l'air de ce chant à Stras-« bourg, dans la nuit qui suivit la proclamation de « la guerre, fin d'avril 1792, intitulé d'abord : *Chant* « *de l'Armée du Rhin*. »

Le succès du *Chant de l'Armée du Rhin* dépassa l'attente de *Rouget de l'Isle* : car, se trouvant localisé dans le Nord, il ne pouvait supposer que, quelques jours après, tout le midi de la France en chanterait les stances martelées d'un patriotisme admirable.

Ce fut par *la Feuille de Strasbourg*, le journal du baron Dietrich, que le *Chant de l'Armée du Rhin* se propagea rapidement.

Le maire de Strasbourg l'avait inséré, paroles et musique, dans un des numéros de son journal. Une semaine environ après l'apparition de ce numéro, plusieurs exemplaires parvinrent dans certaines grandes villes, et notamment à Marseille.

Un bataillon de volontaires marseillais était de garde à l'hôtel de ville. Le journal tomba dans les mains d'un volontaire, qui se nommait Charles Vernade et qui était musicien.

Vernade venait de lire les paroles et de déchiffrer la musique du *Chant de l'Armée du Rhin*, et, enthousiasmé, transporté, il le chanta aux volontaires qui composaient le poste dont il faisait partie.

Quelques instants après, le bataillon entier répétait le refrain de ce chant sublime.

La garde montante, formée d'un autre bataillon de volontaires, voulut le connaitre, et les deux bataillons le chantèrent en se présentant les armes.

C'était aux Marseillais qu'il était dû d'immortaliser l'hymne de *Rouget de l'Isle;* voici en quelle circonstance.

Barbaroux (1) venait d'être envoyé par la ville de Marseille comme député à l'Assemblée nationale. Républicain convaincu, voulant à tout prix seconder le mouvement du Comité insurrectionnel qui venait de se former à Paris, et qui avait pour but de faire enfermer Louis XVI à Vincennes, Barbaroux avait résolu d'appeler dans la capitale les fédérés marseillais, qui avaient en lui une foi aveugle.

Le Comité insurrectionnel approuva la résolution

(1) Charles-Jean-Marie Barbaroux, avocat au barreau de Marseille, était né en cette ville, le 6 mars 1767 : il fut intimement lié avec Franklin, et périt sur l'échafaud, à Bordeaux, le 25 juin 1794.

de Barbaroux, et les bataillons marseillais furent appelés en toute hâte pour sauver l'Assemblée.

Les Marseillais traversèrent la France en chantant l'hymne de *Rouget de l'Isle*, et, le 30 juillet, Barbaroux allait recevoir à Charenton ses cinq cents compatriotes, qui apportèrent ainsi à Paris le chant national qu'on nomma *L'Hymne des Marseillais*.

Le 10 août, les cohortes du Midi, mêlées aux Parisiens, attaquèrent les Tuileries, et ce fut l'hymne patriotique qui les conduisit à la victoire.

C'en était fait : le *Chant de l'Armée du Rhin*, l'*Hymne des Marseillais*, s'appelait pour toujours : la *Marseillaise* !

Après avoir fait le *Chant de l'Armée du Rhin*, *Rouget de l'Isle* écrivit un autre hymne de guerre, daté de mai 1792 ; mais ce chant, qu'il nomma *Roland à Roncevaux*, n'avait pas le souffle de *la Marseillaise*. Cependant, le refrain, quoique simple, était plein de dévouement patriotique. Nous le citerons , car il donne lieu à une remarque assez curieuse. Ce refrain, dont *Rouget de l'Isle* se servit pour un autre chant de guerre, intitulé *le Vengeur*, et dont nous aurons à parler plus tard, se composait de ces deux vers :

Mourons pour la patrie !
C'est le sort le plus beau, le plus digne d'envie !

Peu de personnes, certainement, savent que l'auteur de *la Marseillaise* se trouve avoir fourni ainsi le refrain des Girondins, chanté dans le *Chevalier de Maison-Rouge*, de M. Alexandre Dumas père.

Le chant des Girondins a eu, lui aussi, sa popularité et a souvent retenti depuis la révolution de 1848.

L'immortalité de *Rouget de l'Isle* a droit à une part de collaboration et à une part de cette popularité.

Ajoutons, toutefois, que la musique de *Rouget de l'Isle*, dans les deux circonstances où il s'est servi de ce refrain, n'est pas la même que celle adoptée plus tard dans le *Chevalier de Maison-Rouge*.

Daté de la même année et du même mois, nous devons encore à l'auteur de *la Marseillaise* un portrait en vers de lui-même ayant pour titre :

MOI.

Parler sans art,
Penser sans fard.
C'est ma devise !

Aller, venir,
Rester, courir,
Veiller, dormir,
Tout à ma guise,
C'est mon plaisir.

Femme discrète
Et joliette,
Mais pas coquette.
C'est mon désir.

Pour la patrie
Donner ma vie.
C'est mon espoir.

Mauvaise tête,
Le cœur honnête,
C'est mon avoir.

Amour extrême
Aux bonnes gens,
Guerre aux méchants,
C'est mon système.

Rouget de l'Isle s'est stéréotypé d'une façon remarquable dans ces quelques vers ; jamais portrait n'eût été fait si franc, si vrai, par une autre plume que la sienne ; c'est toute sa personne, toute sa vie, tout son cœur, toute son âme.

Au mois de juin de la même année (1792), l'auteur de *la Marseillaise* fut envoyé à Huningue, sur la rive gauche du Rhin, avec le grade de capitaine-ingénieur de cette place, que menaçaient les coalisés.

Le patriotisme avéré de *Rouget de l'Isle* ne devait pas le mettre à l'abri des suspicions républicaines.

Le 25 août 1792, il fut suspendu de ses fonctions pour avoir refusé d'adhérer au décret de l'Assemblée nationale qui, à la date du 10 du même mois, avait prononcé la déchéance de Louis XVI.

Quoique fortement épris des idées nouvelles, qu'il avait adoptées avec le plus sincère enthousiasme, chantant et défendant les gloires militaires de la France, l'indépendance du territoire, la liberté de la pensée, celle de la conscience, l'égalité des rangs, la suprématie du talent et du mérite, il ne sut pas comprendre que la déchéance du roi était nécessaire à l'accomplissement de l'œuvre révolutionnaire, et il voulu rester fidèle à son premier serment prêté à la Constitution de 1791.

Rouget de l'Isle, cependant, par ses écrits et par ses actes, était foncièrement républicain.

Pendant un mois, il erra en Alsace, allant de ville en ville, de village en village, désespéré, recueillant, le cœur meurtri, des nouvelles du théâtre de la guerre.

On formait un camp de soixante mille hommes à Sainte-Menehould. Dumouriez, selon son langage au club des Jacobins, lorsqu'il y fut reçu par Danton, avait pris l'énergique résolution *d'attaquer les rois et de sauver les peuples de la Tyrannie.*

Rouget de l'Isle, le cœur débordant de patriotisme, rejoignit comme simple volontaire l'armée des Ardennes, aux ordres du lieutenant général Valence, qui venait d'être nommé général en chef.

Le général Valence connaissait la valeur de l'ex-officier du génie, et il s'en servit adroitement pour la gloire de la République.

Rouget de l'Isle se distingua particulièrement au siège de Namur, où le général Valence fit au général autrichien, qui réclamait une condition supplémentaire à la capitulation, cette réponse restée immortelle :

« Si vous n'êtes pas content, général, vous pou-
« vez rentrer. »

En 1793, l'auteur de *la Marseillaise* fut réintégré dans les cadres du génie comme capitaine de quatrième, puis de troisième classe ; mais suspendu de nouveau dès le commencement de la *Terreur*, il fut, par ordre du Comité de sûreté générale, incarcéré pour incivisme à la prison de Saint-Germain en Laye, d'où il ne sortit qu'à la chute de Robespierre, dont il foudroyait le républicanisme exagéré par son *Chant du 9 Thermidor*.

Ce chant fut envoyé par *Rouget de l'Isle* à la Convention, de sa prison de Saint-Germain, le 12 thermidor, et c'est sur la lecture de cette poésie que Tallien, le célèbre conventionnel, le fit élargir.

Nous reproduirons deux stances de ce chant qui suffiront pour caractériser l'opinion du poète :

> Aux prodiges de la victoire
> Q'un autre consacre ses chants ;
> Que ses vers mâles et touchants
> Célèbrent les fils de la gloire.
> En vain leur courage indompté
> Nous gagnait cent et cent batailles,
> Le crime, au sein de nos murailles,
> Allait tuer la Liberté.

> *Refrain.*

> Chantons la Liberté, couronnons sa statue !...
> Comme un nouveau Titan, le crime est foudroyé.
> Relève ta tête abattue,
> O France !... A tes destins Dieu lui-même a veillé.

> Pars, vole, active Renommée !
> Vole aux deux bouts de l'univers ;
> Du peuple écrasant ces pervers
> Que la nouvelle soit semée.
> Pour nous, citoyens et guerriers,
> Terrassant, d'un même courage,
> Les rois dans les champs de carnage ;
> Les factieux dans nos foyers.

> Chantons la Liberté, etc.

A dater de ce moment, *Rouget de l'Isle* se lia avec

Tallien, et ne s'occupa que de littérature, de musique et des plaisirs du monde. Il paraissait avoir renoncé à la carrière des armes et se montrait opposé à certains résultats de la Révolution. Il eut même à ce sujet avec un journaliste une affaire qui eut quelque retentissement.

En 1794, le combat naval dans lequel le vaisseau *le Vengeur* se laissa couler bas au cri de : *Vive la République* lui inspira la scène héroïque à laquelle il ajouta cet avant-propos :

LE VENGEUR.
(Scène héroïque.)

« Au combat naval du 15 prairial an IV (1er juin
« 1794), séparé de la flotte française, pressé, enve-
« loppé de toutes parts, ses voiles en lambeaux, ses
« manœuvres anéanties, ses munitions épuisées,
« l'équipage du *Vengeur*, vaisseau de 74, prit spon-
« tanément la résolution de se laisser couler bas
« plutôt que de se rendre, cloua son pavillon, fit une
« dernière décharge de ses canons à fleur d'eau, et
« s'engloutit aux cris de : *Vive la République*. Les
« Anglais honorèrent leur victoire en publiant eux-
« mêmes ce trait sublime d'un dévouement qui re-
« nouvela sur l'Océan le prodige des Thermopyles. »

1er.

Un combattant.

Le Destin trahit nos exploits,
Nos agrès, nos mâts sont en poudre ;
Céder, se rendre, affreuses lois !
Amis, accourez à ma voix !
La honte ou la mort, que résoudre ?
Répondez, quel est votre choix ?...

Un matelot.

Mourons pour la patrie !
C'est le sort le plus beau, le plus digne d'envie (1).

(1) Comme nous l'avons fait remarquer plus haut, c'est du refrain du *Chant de Roland à Roncevaux* que *Rouget de l'Isle* s'est servi pour sa scène héroïque du *Vengeur*.

2e.

Le combattant.

Ce pavillon dont, sur les mers,
Nous devions soutenir la gloire,
N'aura-t-il vu que des revers ?
A notre France, à l'univers,
Nous qui jurâmes la victoire,
Pourrons-nous accepter des fers ?

3e.

Pourrons-nous au joug des Anglais
Offrir une tête servile ?
Nous, hommes libres !... Nous, Français !...
Parmi l'opprobre et les regrets,
Irons-nous vieillir dans leur isle,
De leurs mépris dignes objets?

4e.

Oui, suivons un transport si beau ;
Qu'un noble trépas nous honore ;
Pour nous la vie est un fardeau ;
Entr'ouvrons les flancs du vaisseau,
Et que nos mains, libres encore,
A tous nous creusent un tombeau...

5e.

Pavillons, flammes, étendards,
Signes de triomphe et de joie,
Brillez sur ces flottants remparts...
O Liberté, de toutes parts,
Que ta bannière se déploie
Et charme nos derniers regards !

6e.

Voici le moment glorieux ;
Notre immortalité commence ;
Sur l'avenir fixons les yeux !
O terre où dorment nos ayeux,
Chère patrie ! ô noble France !
Reçois nos suprêmes adieux.

(*Le vaisseau s'abîme.*)

Chœur.

Mourons pour la patrie !
C'est le sort le plus beau, le plus digne d'envie.

Dormez du sommeil des héros,
Guerriers, républicains fidèles !
Dormez !... des palmes immortelles
Croissent pour vous du sein des eaux.
Aux saintes pages de l'histoire,
Aux cœurs sensibles des Français,
La reconnaissance, à jamais,
Va conserver votre mémoire.

Cette scène lyrique fut accueillie avec un enthousiasme frénétique par le public du Théâtre de la République et des Arts, où elle fut représentée en juillet 1794.

Les relations de *Rouget de l'Isle* avec Tallien étaient devenues plus intimes, et lorsque le célèbre Conventionnel fut nommé délégué extraordinaire dans la Vendée en 1795, il le suivit et assista avec lui au combat de Quiberon. *Rouget de l'Isle* y fut même blessé par un éclat de mitraille au moment du débarquement des troupes coalisées.

Le nom de *Rouget de l'Isle* figura dans le rapport officiel, et le Comité de Salut public fut chargé par un décret de le récompenser.

L'auteur de *la Marseillaise*, à son retour à Paris, écrivit la *Relation du combat de Quiberon*, qui fut publiée en 1834, dans le tome II des *Mémoires pour tous*. Par cette relation pleine de clartés, *Rouget de l'Isle* prouve, dans un style concis, qu'il n'y avait pas eu de capitulation signée entre l'armée républicaine et les émigrés, qui furent mis à mort après s'être rendus sur le champ de bataille.

Charles de La Touche a réfuté cette assertion dans un volume ayant pour titre : *Relation du désastre de Quiberon* ; mais le caractère loyal et droit de *Rouget de l'Isle* étant connu, l'opinion a jugé entre les deux historiens.

C'est dans cet ouvrage, mûrement réfléchi, gardé pendant trente-neuf ans en portefeuille avant de le livrer à la publicité, que *Rouget de l'Isle* a tracé de

Tallien un portrait curieux que l'exiguïté de notre cadre nous empêche, à notre grand regret, de reproduire ici.

Durant l'année 1795, *Rouget de l'Isle* avait collaboré à la rédaction du *Républicain français*; mais il cessa de faire partie de ce journal lorsqu'il partit pour Quiberon, où il fut nommé capitaine du génie de première classe. Le 5 mars 1796, il donna sa démission motivée sur ce que le Directoire, par arrêté du 2 mars précédent, l'avait promu au grade de chef de bataillon. A partir de cette époque, *Rouget de l'Isle* renonça à la carrière militaire.

Il voulut un moment, il est vrai, la reprendre, sur les instances du général Hoche; mais le Directoire rejeta sa demande, en appuyant son refus sur un décret en vertu duquel les officiers démissionnaires ne pouvaient plus être réintégrés dans l'armée.

Rouget de l'Isle reprit alors ses travaux littéraires.

Il publia un volume d'*Essais en vers et en prose*, dans lequel il plaça une partie des productions que nous avons déjà citées; une anecdote historique en prose : *Adélaïde et Monville*, fort bien traitée, qui fut lue avec succès, et un hymne patriotique qu'il nomma : *le Chant de Roland*.

Dans une note placée à la suite de cette poésie, *Rouget de l'Isle* s'accuse d'avoir profité sans scrupule de quelques-uns des traits de Sedaine.

« Ce n'est point un plagiat, dit-il, c'est un hommage rendu à cet homme célèbre. »

Cette pièce de vers est dédiée aux mânes du baron de Dietrich, premier maire de Strasbourg, qui avait été décapité dans cette ville en 1793.

Mais tous ces travaux ne pouvaient suffire aux besoins de leur auteur, malgré son genre de vie excessivement simple.

Par l'entremise d'un de ses amis, en 1797, il devint

agent commercial accrédité auprès du gouvernement français, de l'ambassade de la république Batave. Il conserva ces fonctions jusque vers la fin de l'année 1801.

Pendant ces quatre années, *Rouget de l'Isle* fit : 1° le *Chant des Vengeances*, intermède militaire, paroles, musique et mise en scène, représenté sur le Théâtre de la République et des Arts, le 8 floréal an VI (1798). Ce chant devint, plus tard, le *Chant de l'armée d'Égypte ;*

2° *Jacquot ou l'École des mères*, opéra comique en deux actes, musique de *Della Maria*, représenté au théâtre Favart, le 9 prairial an VI (1798) ;

3° Le *Chant du Combat*, représenté sur le Théâtre de la République et des Arts, par ordre du premier Consul, quelques jours après le 18 brumaire.

En 1801, *Rouget de l'Isle* fut placé à la tête d'une entreprise pour la fourniture des vivres de l'armée. qu'il abandonna après quelques mois de gestion.

Depuis 1802 jusqu'en 1827, l'auteur de *la Marseillaise* s'occupa exclusivement de poésie, de musique, et traduisit plusieurs ouvrages anglais.

En 1817, il écrivait, paroles et musique : *Henri IV*, romance chevaleresque ; la fable intitulée : *les Oies*, parue dans le recueil des fables de Kriloff, publié en 1825 ; *Macbeth*, tragédie lyrique en trois actes, en vers libres, musique de Chelard, représentée à l'Opéra, le 29 juin 1827 ;

Des poésies légères, fables et cantiques religieux publiés dans divers recueils de 1821 à 1827 ; un opéra comique dont nous n'avons pu retrouver le titre, représenté, mais non publié.

Ses traductions parurent dans la *Revue britannique* de 1817 à 1824.

Rouget de l'Isle avait beau se surmener, le produit de ses travaux, comme en 1796, était à peine suffisant pour pourvoir à ses besoins. Longtemps il habita un petit appartement dans une maison du passage Saulnier, portant le numéro 21 ; et, n'ayant ni fortune, ni traitement de retraite, il vécut sans cesse dans un état voisin de la gêne.

En 1812, il avait été même contraint par la nécessité de vendre sa part d'héritage du domaine de Montaigu, où s'étaient écoulées les heureuses années de son enfance ; mais cette faible ressource avait été vite épuisée.

A dater de 1827, *Rouget de l'Isle* travailla peu ; il vieillissait, et aucune de ses productions ne fut publiée à cette époque ; ce ne fut qu'après sa mort que quelques-unes d'entre elles furent connues du public.

En 1838, les journaux annoncèrent la vente aux enchères des papiers autographes de *Rouget de l'Isle*, partitions, relations militaires, poésies, nouvelles, mémoires, hymnes, romances et seize pièces de théâtre inédites.

Une partie de ces papiers tombèrent, disent certains biographes, dans des mains inconnues ; c'est à ces mains amicales que nous devons une grande partie des notes que renferme notre biographie.

L'autre partie fut achetée par la rédaction d'un journal.

Ferval, opéra lyrique ; *Rosa mourante*, nouvelle, faisant partie de ce dernier lot, furent publiées, en 1848, dans le tome IV du *Musée littéraire*.

A la date du 26 mai de la même année, *le Siècle* analysait les pièces inédites dont les titres suivants étaient cités :

Almanzor et Selim, *Henri de Navarre*, *Othello*, *Marguerite d'Anjou*, *l'Ile déserte* et *Adélaïde de Felsingue*.

Le bagage littéraire de *Rouget de l'Isle* est moins volumineux que son bagage musical. Il fit la musique de beaucoup de romances, d'hymnes, de cantiques et de chants dont il n'avait pas composé les paroles.

Parmi les innombrables motifs qui l'avaient inspiré, on cite : *la Jeune captive*, d'André Chénier ; *des vers de François Ier*, une *romance* composée par *Marie Stuart*, lorsque cette infortunée reine vit pour la dernière fois les rives de France, une *chanson* de Marguerite de Valois, reine de Navarre ; une *épigramme* de Clément Marot et diverses chansons de l'immortel Béranger, au nombre desquelles se trouve le chant héroïque et si connu de *Charles VII* :

> Je vais combattre, Agnès l'ordonne ;
> Adieu, repos ! plaisirs, adieu !
> J'aurai, pour venger ma couronne,
> Des héros, l'amour et mon Dieu, etc. ;

puis un chant chevaleresque de *Millevoye*.

Béranger aimait *Rouget de l'Isle* et professait pour lui la plus grande vénération ; il le montra dans une circonstance dont nous parlerons bientôt.

On a dit que, sous le gouvernement de Louis XVIII, l'auteur de *la Marseillaise* avait obtenu une pension, qui lui avait été continuée par la Révolution de 1830.

Nous démentons formellement cette assertion ; la Restauration, comme l'Empire, n'a rien fait pour lui. Mais après la Révolution de 1830, Louis-Philippe qui n'était encore que lieutenant général du royaume, accorda une pension de *quinze cents francs à Rouget de l'Isle*, qui en fut prévenu par une lettre dans laquelle on remarque la phrase suivante, citée dans le *Moniteur* du 6 août 1830.

« L'Hymne Marseillais a réveillé dans le cœur de « M. le duc d'Orléans des souvenirs qui lui sont « chers. Il n'a pas oublié que l'auteur de ce chant « patriotique fut un de ses anciens compagnons d'ar- « mes. »

Au mois de décembre de la même année, tardive récompense, il fut décoré de la Légion d'honneur.

Enfin, en 1832, sur les sollicitations de Béranger,

pour lequel *Rouget de l'Isle* avait, comme nous l'avons dit, écrit la musique de plusieurs chansons, l'auteur du chant national de la France obtint deux autres pensions de la somme de mille francs chacune : l'une sur un arrêté du ministre de l'intérieur, M. de Montalivet, l'autre sur un arrêté du ministre du commerce, M. d'Argout.

Les goûts de *Rouget de l'Isle* étaient modestes : il était dès ce moment à l'abri du besoin. A l'âge de soixante-douze ans, il se retira à Choisy-le-Roi, où il se mit en pension chez M. Voïart, en qui il rencontra un excellent ami et un hôte empressé.

Quelques personnes, des vieillards aujourd'hui, se souviennent encore de *Rouget de l'Isle*, dont la bonhomie, la parole douce et affectueuse leur plaisaient ; ils se souviennent de cet homme qui portait au front, bien qu'éclairé par la gloire, un pli profond, plein d'ombre, creusé par le souvenir, sans cesse vivant dans sa pensée, d'une femme tendrement aimée.

Rouget de l'Isle s'éteignit doucement à l'âge de soixante-seize ans, et son corps fut inhumé dans le cimetière de Choisy-le-Roi.

Son mausolée porte ces mots :

  « Quand la Révolution française
    « en 1792
   « eut à combattre des Rois,
   « Il lui donna pour vaincre
   « le chant de la Marseillaise ! »

Jamais plus beau titre de noblesse ne fut tracé sur une tombe.

Quelques historiens prétendent que *Rouget de l'Isle* s'était retiré chez le général Blein, qui avait une propriété à Choisy-le-Roi. Certains biographes disent qu'il est mort chez le général avec lequel il était intimement lié et qu'il avait connu à l'armée du Nord, où ils servaient tous deux comme officiers du génie. Il y a erreur dans cette version. Le baron général Blein (François-Ange-Alexandre) avait bien, en effet, une propriété à Choisy-le-Roi, où il se retira complètement en 1835, après l'explosion de la machine infernale de Fieschi, qui le priva d'un doigt, blessure pour laquelle la Chambre des députés lui accorda une pension de trois mille francs.

Rouget de l'Isle allait souvent chez le général, cela est vrai ; mais il n'y restait pas. L'acte de décès relevé par nous, à la mairie de Choisy, porte que *Rouget de l'Isle* est décédé le 26 juin 1836, chez lui, à Choisy-le-Roi, rue des Vertus, n° 6.

La maison qu'il habitait appartenait à M. Voïard, l'un des signataires de l'acte de décès.

Ses obsèques eurent lieu le 28 juin à midi, et ce fut le général Blein, frère d'armes de l'auteur de *la Marseillaise*, qui fit les frais des funérailles.

Aujourd'hui, la France républicaine va lui faire les frais d'une statue, et nous le répéterons : jamais statue ne fut plus légitime, un hommage plus digne, un honneur plus mérité. Héros et martyr, *Rouget de l'Isle* a bien mérité de la patrie, à laquelle il a donné un chant de victoire qui traversera les siècles en les enseignant.

Le Conseil municipal de Choisy a voté 2000 fr., le Conseil municipal de Paris a voté 1000 fr., le général Farre, ministre de la guerre, a donné le bronze, et toute main républicaine apportera sa part à l'œuvre patriotique, comme l'auteur de *la Marseillaise* avait apporté sa part de dévouement à son pays.

Gloire à *Rouget de l'Isle*, le soldat-poète ! honneur à la France qui ne l'a point oublié !

Notre tâche est finie, et nous crierons à notre tour : Vive la France républicaine !

PARIS. — IMPRIMERIE JULES TREMBLAY, RUE DE L'ÉPERON, 5.

IMPRIMERIE BAROUSSE

Cour du Commerce

PARIS

www.ingramcontent.com/pod-product-compliance
Lightning Source LLC
Chambersburg PA
CBHW061740060726
47597CB00007B/2676